AF221869

Jutta Schütz wurde in Lebach (Saarland) geboren.
Mit ihrem ersten Bestseller "Plötzlich Diabetes" (2008)
gilt die Autorin bei Kritikern als Querdenkerin. 2010
startete sie mit ihren Gesundheitsbüchern ihr Pilotpro-
jekt in Bruchsal und später bei der VHS in Wolfsburg.
Schütz schreibt Bücher, die anspornen, motivieren
und spezielles Insiderwissen liefern. Sie hat bis heute
über 85 Bücher geschrieben und an vielen anderen
Büchern mitgewirkt. Zudem hilft sie als Mentorin und
Coach vielen Neuautoren bei
der Veröffentlichung ihrer Bücher.
Als Journalistin schreibt sie für viele Verlage und Zei-
tungen. Ihre Themen sind: Gesundheit, Psychologie,
Kunst, Literatur, Musik, Film, Bühne, Entertainment.
Weitere Informationen zur Autorin und ihren Büchern findet man in den Verlagen, auf ihrer Webseite
sowie im Kultur-Netzwerk.
Mehr Infos finden Sie auf der Webseite:
www.jutta-schuetz-autorin.de
www.die-gruppe-48.net/Funktionstraeger

© **2018 Autor: Jutta Schütz**
© 2018 Buchsatz, Layout, Buchgestaltung
© 2018 Buchidee: Jutta Schütz
www.jutta-schuetz-autorin.de

© **2018 Herstellung und Verlag:**
BoD – Books on Demand, Norderstedt

ISBN: 9783752851342

Bibliografische Information der Deutschen Nationalbibliothek:
Die Deutsche Nationalbibliothek verzeichnet diese Publikation in der Deutschen Nationalbibliografie; detaillierte bibliografische Daten sind im Internet über http://dnb.d-nb.de abrufbar.

Jutta Schütz

LOW CARB Muffins

süß & herzhaft

Inhaltsverzeichnis

Vorwort

Rezepte Süß

Rezepte Herzhaft

Infos:

Vorwort

Muffins sind kleine Küchlein in verschiedensten Geschmacksrichtungen. Die vielfältigen Varianten finden schnell eine Vorliebe für jeden Geschmack – sie sind so gesund, wie Sie sie haben möchten.

Ob Sie Ihre Muffins süß oder pikant genießen möchten, sie sind köstlich und einfach zubereitet.

Es gibt Muffins mit Nüssen oder Früchten – so gut wie alles, was in die speziellen Förmchen passt, kann zu Muffins verarbeitet werden. Auch für pikante Muffins bieten sich viele Möglichkeiten.

Muffins sind klein und handlich und somit leicht zu transportieren. In Papierförmchen gebacken, sind sie besonders gut unterwegs verzehrbar.

In diesem Buch geht es um Low Carb Muffins und Low Carb ist der Ernährungsstil, der weitgehend auf Kohlenhydrate verzichtet. Wohlfühlen ist bei Low Carb sehr wichtig und es geht dabei mehr um eine Lebensart als eine Diät. Low Carb setzt mehr auf Genuss und Schlemmen und nicht auf Hunger.

Rezepte Süß

Low Carb Körner Muffins (neutral)
Für süßen oder herzhaften Aufstrich

❖ **Zutaten:**

250 g Sesamkörner
250 g Leinsamen
100 g Sonnenblumenkerne
300 g gem. Mandeln
300 g Eiweißpulver
3 Päckchen Trockenhefe
2 gehäufte TL Salz
3 Eier
120 ml Sonnenblumenöl
350 g warmes Wasser

❖ **Zubereitung:**

Eine sehr große Schüssel nehmen, alle trockenen Zutaten (auch die Trockenhefe) hineingeben und gut durchmischen. Anschließend alle nassen Zutaten hinzugeben und gut durchkneten.
Der Teig bröselt etwas. Den Teig in die Muffinförmchen (mit Papier) füllen.
Backzeit: zirka 40 Minuten bei 180 Grad.

Frisch halten sich die Muffins zirka 3 - 4 Tage (Im Kühlschrank). Man kann sie auch gefroren einmal durchschneiden und jede Seite einmal toasten.

Kichererbsen Muffins
Für süßen oder herzhaften Aufstrich

❖ Zutaten:
400 g Kichererbsenmehl
200 g Butter
1 TL Salz
2 TL Natron
10 Eier
4 EL grob gemahlene Haselnüsse

❖ Zubereitung:
Eier trennen, Eiweiß steif schlagen.
Restliche Zutaten miteinander verrühren. Eiweiß unterheben.
Den Teig in Muffinförmchen einfüllen.
Bei 180 Grad zirka 40 Minuten backen.

Kokosmakronen Muffins

❖ Zutaten:

9 Eiweiße
3 TL Zitronenpulver
6 EL Streusüße (nacheinander beim Schlagen hinzufügen)
370 g Kokosflocken
100 ml süße Sahne

❖ Zubereitung:

Eiweiß steif schlagen und die Zutaten darunterheben.
Den Teig in Muffinförmchen einfüllen.
Ca. 40 Minuten bei ca. 180 Grad im Backofen backen.

Mocca Mandeln Muffins

❖ Zutaten:
125 g Butter
3 Eigelbe
2 TL Kaffepulver
3 TL Süßstoff
1 Backaroma (Vanille)
2 - 3 EL Eiweißpulver (Schoko)
200 g gemahlene Mandeln
2 EL Zitronensaft
1 TL Backpulver
1 Prise Salz
100 ml süße Sahne

❖ **Zubereitung:**
Butter schmelzen, Eigelbe mit Fett und Süßstoff schaumig schlagen, die restlichen Zutaten hinzugeben.
Teig in Muffinförmchen füllen.
Bei ca. 180 Grad ca. 40 Minuten backen.

Frischkäse Muffins

❖ Zutaten:

125 g geschmolzene Butter
3 Eier
3 EL Leinsamen
200 g Frischkäse
Ein paar Tropfen flüssiger Süßstoff
100 g Eiweißpulver (Vanille)
1 Tütchen Backpulver
100 ml süße Sahne

❖ Zubereitung:

Butter schmelzen und unter die geschlagenen Eier rühren. Restliche Zutaten daruntermischen und in Muffinförmchen füllen.
Bei ca. 180 Grad ca. 40 Minuten backen.

Quark Vanille Muffins

❖ Zutaten:

250 g geschmolzene Butter
400 g Quark (40%)
6 Eier
200 g Eiweißpulver (Vanille)
1 Tütchen Backpulver
½ TL Salz
1 Backaroma (Vanille)
3 - 4 EL Süßstoff (Streusüße)
100 ml süße Sahne

❖ Zubereitung:

Butter schmelzen und mit den restlichen Zutaten mischen.
Teig in Muffinförmchen füllen.
Bei 175 Grad ca. 40 Minuten backen.

Haselnuss Muffins

❖ Zutaten:

7 Eier
80 g Butter
200 g gemahlene Haselnüsse
2 EL Eiweißpulver
1 TL Backaroma (Bittermandel)
2 TL Zimt
3 TL flüssiger Süßstoff

❖ Zubereitung:

Butter schmelzen, Eier trennen, das Eigelb mit dem Bitter-mandelöl/Zimt und 2 TL Süßstoff sehr schaumig rühren. But-ter hinzugeben und die restlichen Zutaten.
Das Eiweiß steif schlagen und ebenfalls mit 2 TL süßen.
Die Hälfte des Eischnees unter das Eigelb ziehen und die Nüsse und den restlichen Schnee hinzufügen.
Vorsichtig rühren, sonst fällt der Schnee zusammen.
Den Teig in Muffinförmchen füllen und für ca. 40 Minuten bei 180 Grad im Ofen backen.

Russische Muffins

❖ Zutaten für den Boden:
100 g Butter
100 g gemahlene Mandeln
100 g gemahlene Haselnüsse
100 g Eiweißpulver (Schoko)
4 EL flüssiger Süßstoff

❖ Zubereitung:
Der Teig wird krümelig.
Butter schmelzen. Die Hälfte vom Teig (Krümeln) in die Muffinförmchen einfüllen und andrücken.

❖ Zutaten für den Belag:
4 Eier (Eiweiß schaumig rühren)
500 g Quark (20%)
1 Päckchen weiße Sofort-Gelatine
4 EL flüssiger Süßstoff
1 TL Kakao (Zuckerfrei)

❖ Zubereitung:
Eier trennen, Eiweiße schaumig rühren.
Die Masse auf den Boden in die Muffins geben und glattstreichen.
Zu der zweiten Hälfte des Teiges 1 TL Kakao und ein wenig Sahne dazu geben und kleine flache Kleckse auf den Käsebelag legen.
Bei 180 Grad ca. 40 Minuten backen.

Käsekuchen Muffins

❖ Zutaten für den Boden:
50 g Butter
100 g gemahlene Mandeln
20 g Weizenkleie (oder Dinkelkleie)
50 g Eiweißpulver (oder ein wenig mehr)
½ Fläschchen Backaroma (Vanille)
1 EL flüssiger Süßstoff,
½ Tütchen Backpulver

❖ Zubereitung:
Den Teig gut vermengen, er krümelt etwas, diese Masse (Krümel) in Muffinförmchen geben und andrücken.

❖ Für den Belag:
2 Eier
1 Eiweiß zusätzlich
400 g Quark (40%)
½ Flächen Backaroma (Vanille)
2 TL flüssiger Süßstoff
½ Päckchen Wackelpudding (Zuckerfrei)

❖ Zubereitung:
Eier trennen, Eiweiße steif schlagen. Das Eigelb mit dem Süßstoff und dem Wackelpuddingpulver vermischen. Dann das Eiweiß unterheben.
Die Teigmasse auf den Boden geben.
Mit Alufolie gleich ca. 20 Minuten abdecken beim Backen und erst zum Schluss ohne Folie weiter backen. Bei 180 Grad ca. 40 Minuten.

Mohn Muffins

❖ Zutaten:
3 Eier
100 g Mohn (ohne Zucker)
100 g gemahlene Mandeln
150 g Sahnequark
50 g geschmolzene Butter
2 EL flüssiger Süßstoff
1 gestrichener TL Natron
30 g Eiweißpulver
½ Fläschchen Backaroma (Vanille)

❖ Zubereitung:
Eier schaumig rühren. Alles zusammen rühren und in Muffin-förmchen geben.
Bei 170 Grad zirka 40 Minuten backen.

Waldmeister Mandel Muffins

❖ Zutaten für den Boden:

100 g Butter
200 g gemahlene Mandeln
20 g Weizenkleie
70 g Eiweißpulver
1 Päckchen Backpulver
2 TL flüssiger Süßstoff

❖ Zubereitung:

Die Butter schmelzen.
Dieser Teig krümelt sehr, die Krümel in die Muffinförmchen geben und leicht andrücken (als Boden).

❖ Zutaten für den Belag:

2 Eier
500 g Magerquark
1 Pack Götterspeise (Waldmeister - Zuckerfrei)
2 EL flüssiger Süßstoff

❖ Zubereitung:

Die Eier schaumig rühren und mit dem Quark verrühren.
Götterspeise und den Süßstoff dazugeben und alles verrühren und auf den Boden geben.
Die Muffins im vorgeheizten Backofen bei 170 Grad zirka 40 Minuten backen.

Möhren Muffins

❖ **Zutaten:**

270 g geraspelte Möhren
4 Eier (Eiweiß schaumig rühren)
50 g flüssige Butter
4 TL flüssiger Süßstoff
300 g gemahlene Haselnüsse
2 TL Zimt
1 Prise Salz

❖ **Zubereitung:**

Eier schaumig rühren und die restlichen Zutaten daruntermischen.

Zum Schluss das Eiweiß unterheben.

In die Muffins-Form (mit Papier) füllen und bei 170 Grad zirka 40 Minuten backen.

Mocca Möhren Muffin

❖ **Zutaten:**

150 g geraspelte Möhren
100 g Butter
4 Eier sehr schaumig rühren
½ Backaroma (Vanille)
½ Tütchen Backpulver
150 g gemahlene Mandeln
100 g gemahlene Haselnüsse
50 g gehobelte Mandeln
4 TL Kaffeepulver
3 EL Sahne
2 TL Kakao (Zuckerfrei)
2 - 3 TL flüssiger Süßstoff

❖ **Zubereitung:**

Butter schmelzen, Eiweiße schaumig rühren und die restlichen Zutaten hinzufügen. Eiweiße zum Schluss unterheben.
In eine Muffin-Form (mit Papier) geben.
Bei 170 Grad zirka 40 Minuten backen.
Sahne mit etwas Süßstoff steif schlagen und den Muffins eine Sahnehaube geben.

Apfel Muffins

❖ Zutaten:

400 g gemahlene Mandeln
150 g Butter
6 Eier
2 Äpfel
5 TL Xucker
1 TL Natron
1 TL Zimt
2 Prisen Meersalz

❖ Zubereitung:

Die Eier trennen und die Eiweiße mit zwei Prisen Salz steif
schlagen (Rührgerät).
Die Äpfel schälen, vierteln, entkernen und grob reiben.
Butter in einem Topf bei zarter Hitze schmelzen.
Eigelbe mit den geriebenen Äpfeln und die flüssige Butter in
einer Schüssel mischen.
Xucker, Zimt und Natron in einer zweiten Schüssel mischen.
Die gemahlenen Mandeln hinzugeben und durchrühren.
Eischnee vorsichtig unterheben.
Muffinbackblech einfetten oder mit Papierförmchen auslegen.
Den Teig in die Muffinförmchen verteilen.
Die Muffins im vorgeheizten Backofen bei 180 Grad zirka 40
Minuten backen.

Joghurt Mascarpone Muffins

❖ Zutaten:

4 Eier
100 g Mascarpone
250 g gemahlene Mandeln
2 TL Backpulver
150 g Natur-Joghurt
2 EL flüssiger Süßstoff
1 Prise Salz
1 EL Zitronensaft

❖ Zubereitung:

Eiweiße von den Eiern trennen und mit der Prise Salz steif schlagen.

Die restlichen Zutaten (ohne das Eiweiß) miteinander mischen.

Eiweiß vorsichtig unterheben und den Teig in Muffinförmchen geben.

Im Backofen bei 170 Grad zirka 30 Minuten backen.

Zitronen Mandel Muffins

❖ Zutaten:

400 g gemahlene Mandeln
100 g Sonnenblumenkerne
100 g Sesam
Saft von einer Zitrone
4 Eier
100 g Joghurt
80 g geschmolzene Butter
2 EL flüssigen Süßstoff
2 TL Natron
1 TL Salz

❖ Zubereitung:

Die Eier und den Joghurt cremig rühren und die restlichen Zutaten hinzugeben.

In Muffinförmchen füllen und im Backofen bei 170 Grad zirka 40 Minuten backen.

Rezepte Herzhaft

Feigen Knoblauch Hackfleisch Muffins

❖ Zutaten:
500 g gemischtes Hackfleisch
1 Ei
3 EL gemahlene Mandeln
4 EL getrocknete Feigen
1 kleine Zwiebel würfeln
2 EL gehobelte Petersilie
5 Zehen gehackter Knoblauch
1 EL scharfer Senf
½ TL Pfeffer
1 TL Salz
2 Prisen Muskat

❖ **Zubereitung:**
Petersilie fein hacken, Zwiebel schälen und fein würfeln.
Feigen klein schneiden und den Knoblauch schälen und pressen.
Fleisch und alle Zutaten (nicht das Öl) miteinander in einer Schüssel mischen und zu einem Fleischteig verarbeiten.
Mit den Gewürzen abschmecken.
Fleischteig in die Muffinförmchen geben.
Backofen auf 170 Grad stellen und die Muffins zirka 70 Minuten backen.

Hackfleisch Muffins auf Eisbergsalat

❖ Zutaten für den Salat:

1 Eisbergsalat
4 EL Zitronensaft
1 EL Honig
½ TL Paprikapulver (scharf)
½ TL Kurkuma, 1 TL Currypulver, ½ TL Schwarzkümmel
½ TL Salz, 2 Prisen Pfeffer
2 EL Olivenöl
1 EL Sonnenblumenöl

❖ **Zutaten für die Hackfleisch Muffins:**

500 g gemischtes Hackfleisch
2 Knoblauchzehen
1 Zwiebel
1 kleine Möhre
1 TL Salz, ½ TL Pfeffer, 1 TL Currypulver

❖ **Zubereitung für den Salat:**
Eisbergsalat waschen und in Stücke rupfen. Alle Zutaten gut verquirlen und den Salat damit anmachen. Auf 2 - 3 Tellern verteilen.

❖ **Zubereitung für die Hackfleisch Muffins:**
Möhre, Zwiebel und den Knoblauch sehr fein schneiden (oder reiben). Hackfleisch, Möhre, Zwiebel, Knoblauch und die Gewürze mischen und in Muffinförmchen geben. Im Back-ofen bei 170 Grad zirka 40 Minuten backen.
Die Muffins legt man auf den Salat.

Curry Hackfleisch Muffins auf Salat

❖ Zutaten:

400 g gemischtes Hackfleisch
½ Eisbergsalat
2 getrocknete Chilischoten
1 Ei
1 Zwiebel (klein würfeln), 1 Knoblauchzehe klein hacken
1 TL gehackte Ingwerwurzel
½ TL Salz
2 – 3 Prisen Pfeffer
2 EL Curry
3 EL Öl
2 EL Kokosnussflocken (und 2 EL zum Verzieren)
1 ½ Liter Brühe

❖ Zubereitung:

Eisbergsalat putzen, waschen und in grobe Blätter teilen. Auf zwei - drei Teller verteilen.

Hackfleisch mit dem Ei, den Gewürzen, und den Kokosnussflocken vermischen. Fleischteig in Muffinförmchen einfüllen und im Backofen bei 170 Grad zirka 40 Minuten backen.

Muffins auf den Salat legen und mit den Kokosraspeln bestreuen.

Falafel Muffins mit Joghurt-Dipp

❖ Zutaten:
500 g Wirsing
200 g gemahlene Mandeln
3 – 4 EL Eiweißpulver (neutral)
100 g Sesamkörner
1 Ei
½ TL Salz

❖ Zubereitung:
Küchenfertiger Wirsing in breite Streifen schneiden (zirka 2 cm) und in der Brühe 25 Minuten garkochen, abgießen und in eine große Schüssel geben. Hinzu kommen Eier, Eiweißpulver, gemahlene Mandeln, Sesam und Salz.
Teig in Muffinförmchen füllen und im Backofen bei 170 Grad zirka 40 Minuten backen.

Joghurt-Dipp:
❖ Zutaten:
500 g Natur-Joghurt, 200 g Sahne
1 Bund Koriander (oder 2 EL getrockneter Koriander)
1 Bund Pfefferminze (oder 2 EL getrocknete Pfefferminze)
1 Bund Petersilie (oder 2 EL getrocknete Petersilie)
1 EL Zitronensaft, 2 Spritzer flüssiger Süßstoff
½ TL Salz, 2 Prisen Pfeffer
½ TL Chilipulver
½ TL Oregano, ½ TL Thymian

❖ Zubereitung:
Den Joghurt mit der Sahne cremig rühren. Die Kräuter, Süßstoff, Zitronensaft und Gewürze hinzugeben.

Hackfleisch Lauch Muffins

❖ Zutaten:
500 g gemischtes Hackfleisch
2 Stangen Lauch
2 rote Chilischoten
1 Knoblauchzehe
3 EL stückige Tomaten
4 EL Tomatenmark
1 TL Sambal Oelek
½ TL Sternanis
½ TL Koriander
½ TL Persisches Blausalz
1 – 2 Prisen Cayennepfeffer

❖ Zubereitung:
Lauch waschen, putzen und in Ringe schneiden.
Chilischote waschen, längs aufschneiden, entkernen und in Würfel schneiden.
Knoblauchzehe schälen und fein hacken.
Fleisch, Tomatenmark, Lauch, Chili, Knoblauch, Tomaten, Gewürze zu einem Teig verarbeiten.
Den Fleischteig in Muffinförmchen füllen und im Backofen bei 170 Grad zirka 40 Minuten backen.

Tipp:
Auch diese Muffins kann man auf Salatblätter setzen.
Und um die Muffins vielleicht auch noch Tomatenscheiben legen und gelbe und grüne Paprikastreifen…

Hackfleisch Muffins mit Rote Bete

❖ **Für die Hackfleisch-Muffins – Zutaten:**
400 g Hackfleisch
½ Zwiebel
1 Knoblauchzehe
1 Paprika
150 g Champignons
1 Bund Petersilie
1 Ei
1 TL Senf
½ TL Salz
½ TL Pfeffer
1 TL Curry-Pulver
200 g Käse (junger Gouda)

❖ **Zubereitung:**
Zwiebel, Knoblauch, Paprika, Champignons und Petersilie klein würfeln. Muffin-Form gut mit Öl einfetten (oder Papierförmchen), das Hackfleisch mit allen Zutaten außer dem Käse, mischen und in die Muffin-Form geben.
Mit Käse bestreuen und bei 200 Grad 35 – 40 Minuten backen.

Für den Chicorée mit Rote Bete – Zutaten:

2 Chicorée
200 g Rote Bete Scheiben (Glas)
1 Apfel
1 EL gehackte Mandeln
2 EL Apfelessig
3 EL Schnittlauch
½ TL Salz
2 Prisen Pfeffer
2 EL Olivenöl
1 EL Honig

❖ **Zubereitung:**

Rote Bete gut abtropfen lassen. Chicorée waschen, putzen und 8 große Blätter auslösen. Restlichen Chicorée in kleine Streifen schneiden. Apfel schälen und in kleine Würfel schneiden. Essig, Honig, Salz und Pfeffer, Schnittlauch, Mandeln und Öl mischen. Rote Bete mit dem Apfel mischen und in die Chicoréeblätter füllen. Die Salatsoße darüber geben, mit dem Schnittlauch bestreuen.
Alles mit den Hackfleisch-Muffins servieren.

Jalapeño Rinderhack Muffins

❖ Zutaten:
500 g Rinderhack
2 Jalapeño
2 kleine Zwiebeln
1 Möhre
2 EL gehackte Kräuter
100 g Quark (40%)
1 TL Knoblauchsalz
2 Prisen Cayennepfeffer

❖ Zubereitung:
Jalapeños waschen und in kleine Würfel schneiden.
Zwiebeln und die Möhre schälen und würfeln.
Hackfleisch, Jalapeños, Zwiebel, Kräuter sowie Quark gut vermischen und mit Knoblauchsalz und Cayennepfeffer würzen.
Hackmasse in Muffinförmchen füllen und im Backofen bei 170 Grad zirka 40 Minuten backen.

Käse Zwiebel Muffins

❖ **Zutaten:**

4 Eier
100 g geriebener Gouda
100 g gemahlene Mandeln
2 kleine Zwiebeln
100 g Champignons
100 g Erbsen aus der Dose
1 Paprika
1 Bund Schnittlauch
1 TL Salz
½ TL Pfeffer
1 TL Currypulver
2 EL Öl

❖ **Zubereitung:**

Paprika, Zwiebeln und Champignons in sehr kleine Würfel schneiden.

Pfanne heiß werden lassen, Öl hineingeben und die Paprika-Masse darin kurz anbraten.

Die Eier mit dem Mixer kurz mischen und den Gouda, gemahlene Mandeln, Gewürze, Erbsen und die Paprika-Masse hinzugeben.

Die Ei-Masse mischen und in Muffinförmchen füllen.

Im Backofen bei 170 Grad zirka 40 Minuten backen.

Paprika Mascarpone Muffins

❖ Zutaten:
4 Eier
150 g Mascarpone
200 g gemahlene Mandeln
100 g geriebener Käse
1 Paprika
150 g Natur-Joghurt
2 EL flüssiger Süßstoff
1 Prise Salz
1 TL Paprikapulver süß
1 EL Zitronensaft

❖ Zubereitung:
Paprika waschen und in sehr feine Würfel schneiden.
Eiweiße von den Eiern trennen und mit der Prise Salz steif schlagen.
Die restlichen Zutaten (ohne das Eiweiß) miteinander mischen.
Eiweiß vorsichtig unterheben und den Teig in Muffinförmchen geben.
Mit dem Käse bestreuen.
Im Backofen bei 170 Grad zirka 40 Minuten backen.

Thunfisch Zucchini Muffins

❖ **Zutaten:**

1 Dose Thunfisch
2 Eier
2 EL getrockneter Petersilie
2 EL getrockneter Schnittlauch
1 mittelgroße Zucchini
100 g geriebener Käse
1 kleine Zwiebel
½ TL Salz
3 Prisen Pfeffer
1 TL Paprikapulver
½ TL Knoblauchpulver

❖ **Zubereitung:**

Zucchini schälen, waschen und in kleine Würfel schneiden.
Zwiebel in sehr feine Würfel schneiden
Thunfisch mit einer Gabel auflockern (etwas zerkleinern).
Zucchini, Zwiebel und alle restlichen Zutaten miteinander mischen.
Im Backofen bei 170 Grad zirka 40 Minuten backen.

❖ **Für den Dip:**

200 g Naturjoghurt, 200 g Kräuterfrischkäse, 3 Prisen Salz und 3 Prisen Pfeffer zusammen mischen und mit den Muffins servieren.

Käse Möhren Muffins

❖ Zutaten:

200 g geraspelte Möhren
4 Eier (Eiweiß schaumig rühren)
200 g geriebener Käse
300 g gemahlene Mandeln
2 EL getrocknete Kräuter
1 TL Salz
½ TL Pfeffer
1 TL Currypulver

❖ Zubereitung:

Eier schaumig rühren und die restlichen Zutaten daruntermischen.

Zum Schluss das Eiweiß unterheben.

In die Muffins-Form (mit Papier) füllen und bei 170 Grad zirka 40 Minuten backen.

Hackfleisch Minze Muffins

❖ **Zutaten:**

400 g Rinderhackfleisch
2 kleine Zwiebeln
2 Knoblauchzehen
1 Möhre
4 EL Pinienkerne
250 g gemahlene Mandeln
2 Eier
4 EL gehackte, frische Minze
2 EL Sahne
1 TL Currypulver
1 TL Paprikapulver
½ TL Zimt
1 TL Salz
½ TL Pfeffer
2 EL Olivenöl

❖ **Zubereitung:**

Pinienkerne ohne Fett in einer Pfanne ein paar Minuten anrösten, bis sie duften und sich hellbraun färben.

Das Hackfleisch, Pinienkerne, Minze, Sahne und die gemahlenen Mandeln in eine große Schüssel geben.

Küchenfertige Möhre und Zwiebeln klein würfeln, Knoblauch pressen und zu der Hackfleischmasse geben.

Die Eier und die Gewürze zum Hackfleisch geben und in Muffinförmchen füllen.

Im Backofen bei 170 Grad zirka 40 Minuten backen.

Lammhackfleisch Muffins

❖ Zutaten:

400 g Lammhackfleisch
1 Ei
3 – 4 EL gehackte Mandeln
4 EL getrocknete Feigen
1 kleine Zwiebel würfeln
2 EL gehobelte Petersilie
2 Zehen gehackter Knoblauch
1 EL scharfer Senf
½ TL Pfeffer
1 TL Salz
2 – 3 Prisen Zimt
1 – 2 Prisen Muskat
½ TL Kreuzkümmel
½ TL Koriander

❖ Zubereitung:

Petersilie fein hacken, Zwiebel schälen und fein würfeln. Feigen klein schneiden und den Knoblauch schälen und pressen.
Fleisch und alle Zutaten miteinander in einer Schüssel mischen und zu einem Fleischteig verarbeiten.
Mit den Gewürzen abschmecken und den Fleischteig in Muffinförmchen füllen.
Im Backofen bei 170 Grad zirka 40 Minuten backen.

Kürbis Lamm Muffins

❖ Zutaten:

300 g Lamm-Hackfleisch
1 mittelgroßer Hokkaido-Kürbis
1 Zwiebel, würfeln
2 Knoblauchzehen, klein würfeln
1 kleine Zucchini
½ TL Ingwer, gerieben
2 EL Cashewnüsse, geröstet
2 EL Petersilie, getrocknet
1 TL Salz, ½ TL Pfeffer
½ TL Kreuzkümmel
1 TL Currypulver, 1 TL Paprikapulver
½ TL Koriander, ½ TL Chilipulver
2 Prisen Zimt, 2 Prisen Muskatnuss
2 EL Sahne, 3 EL Olivenöl

❖ Zubereitung:

Kürbis waschen, aufschneiden und das Kürbisfleisch in kleine Würfel schneiden.

Zwiebel kleinwürfeln und die Zucchini in feine Stifte schneiden.

Die Zwiebel in einer Pfanne mit Olivenöl anbraten, das Hackfleisch hinzugeben und alles zirka 25 Minuten anbraten. Das Kürbisfleisch dazu geben und mit all den Gewürzen mischen, zum Schluss den Knoblauch kurz mit anbraten und noch mal zirka 10 Minuten braten.

Die Pfanne vom Herd nehmen und die Cashewnüsse, die Zucchini und die klein geschnittene Petersilie untermischen.

Die Hackfleischmasse in Muffinförmchen füllen und im Backofen bei 170 Grad zirka 30 Minuten backen.

Rinderhack Sherry Muffins

❖ Zutaten:
400 g Rinder-Hackfleisch
100 g geriebener Käse
6 getrocknete Aprikosen
1 große Zwiebel
3 Knoblauchzehen
4 EL Cashewnüsse
3 Eier
5 EL Sherry
½ TL frischen Ingwer
2 kleine rote Chilischoten
2 Prisen Zimt
2 MSP Nelkenpulver
1 TL Salz
½ TL Pfeffer
1 TL Currypulver
50 ml warmes Wasser

❖ Zubereitung:
Aprikosen in Spalten schneiden.
Den Sherry mit 70 ml warmem Wasser verrühren, Aprikosen darin marinieren.
Zwiebel schälen und in Würfel schneiden.
Knoblauch zerdrücken.
Bei den Chilischoten die Kerne entfernen und sehr fein hackten.
Den Ingwer sehr klein schneiden.
Aprikosen klein würfeln.
Nüsse in einer Pfanne ohne Fett rösten, abkühlen lassen und fein hacken.
Die Gewürze, Käse, Aprikosenwürfel, Nüsse und die Eier unter das Hackfleisch kneten.
Die Teigmasse in Muffinförmchen füllen und im Backofen bei 170 Grad zirka 40 Minuten backen.

Auberginen-Hackauflauf

❖ **Zutaten:**

400 g Rinderhackfleisch
300 g Auberginen
2 kleine Zwiebeln
2 Knoblauchzehen
1 Dose Tomaten (zirka 250 g)
1 TL Salz
½ TL Pfeffer
½ TL Cayennepfeffer
1 TL Currypulver
1 TL Paprikapulver
2 EL Zitronensaft
2 EL Olivenöl
2 EL Olivenöl
250 ml Naturjoghurt
1 TL Knoblauchpulver

❖ **Zubereitung:**

Das Hackfleisch zirka 10 Minuten in der heißen Pfanne mit 2 EL Olivenöl stark anbraten.

Auberginen waschen, in große Würfel schneiden und zu dem Hackfleisch geben und weitere 10 Minuten mitanbraten.

Zwiebeln in Ringe schneiden und mit 2 EL Olivenöl in einer 2. Pfanne kurz anbraten und zu der 1. Pfanne dazu geben.

Knoblauch pressen und hinzugeben. Mit den Gewürzen und dem Zitronensaft würzen.

Tomatenstücken mit der Hackfleisch/Auberginenmasse gut vermischen.

In Muffinförmchen füllen und im Backofen bei 170 Grad zirka 40 Minuten backen.

Infos

Das Backen
Beim Backen handelt es sich immer um Ober- und Unterhitze (Backofen).

Xylit
Xylit besitzt die gleiche Süßkraft wie der herkömmliche Haushaltszucker.

Der Zuckerersatzstoff verstoffwechselt weniger Insulin im Körper und wird aus diesem Grunde oft in Produkten für Diabetiker verwendet.

Zum Beispiel: Während ein Gramm Saccharose zirka 4 g Kalorien enthält, sind es bei Xylit nur 2,4 Kalorien pro Gramm.

Er ist auch bekannt unter den Namen "Birkenzucker oder Xylitol" und schmeckt genauso süß wie normaler Zucker.

Auch hat er eine ähnliche Konsistenz.

Er gehört (chemisch betrachtet) nicht zu den Kohlenhydraten (KH), sondern zu den Zuckeralkoholen (E 967).

Eiweißpulver als Mehlersatz (Proteinpulver)
In vielen Rezepten „mit Eiweißpulver" wird ein Proteinpulver mit wenig KH (Kohlenhydrate) verwendet.

Bei kohlenhydratarmer Ernährung (Low Carb) achtet man auf die KH. Die KH sind von Firma zu Firma verschieden (0,5 KH auf 100 g – 2,8 KH auf 100 g).

Das Eiweißpulver wird von Sportlern „eigentlich" für den Muskelaufbau benutzt. Es eignet sich auch zum Backen und Kochen in einer kohlenhydratarmen Ernährung.

Man bekommt dieses Pulver in allen möglichen Geschmacksrichtungen (auch mit neutralem Geschmack). Kaufen kann man es in Sportgeschäften, Bodybuildershops, großen Supermärkten und Reformhäuser.

Wer mehr Infos über Eiweißpulver erfahren möchte, gibt dieses Wort einfach als Suchfunktionswort ein.

Natürliches Glutamat selbst herstellen

❖ **Zutaten:**
1 ½ große Zwiebeln
½ Knolle Knoblauch
250 g Karotten
175 g Lauch
250 g Tomaten
1 ½ Knollen Sellerie
1 Bund Petersilie
1 Bund Liebstöckel
60 g Meersalz

❖ **Zubereitung:**
Den Backofen auf 90 Grad vorheizen. Karotten, Lauch, Sellerie, Zwiebeln schälen und putzen. Dann in gleichmäßige Stücke schneiden. Tomaten vom Stielansatz befreien und klein würfeln. Den Knoblauch häuten und klein pressen. Petersilie und Liebstöckel fein hacken. Alles in einer Schüssel gleichmäßig vermengen und auf das Backblech verteilen.
Bei 90 Grad zirka sechs Stunden im Ofen trocknen lassen. Nicht zu viel Gemüse auf einmal auf das Blech legen – so kann es gleichmäßiger und schneller trocknen. Im Anschluss die Trockenmasse in einen Mixer geben und fein mahlen. In einem verschlossenen Gefäß ist das Glutamat bis zu zwölf Wochen haltbar! Zum Würzen benötigt man nur zirka 1 TL Pulver - für etwa 150 ml Flüssigkeit.

Rezensionen zum Buch
"Plötzlich Diabetes"

Dr. Matthias Riedl schreibt über das Buch im Diabetes Blog:
Sehr geehrte Frau Schütz,
ich kann Ihr Buch aus ärztlicher Sicht ebenfalls sehr empfehlen. Es hilft anderen Betroffenen, ihre eigenen Ängste besser zu überwinden, wenn sie merken, wie andere es gemacht haben. Lesenswert! Diese Hilfe kann nur von Betroffenen geleistet werden. So relativieren sich schnell die eigenen Ängste. Nach dem ersten Schock mit der Diagnose Diabetes braucht die Seele ein paar Monate zur Akzeptanz. Dann geht das Leben weiter. Übrigens meist ohne Einschränkung der Lebenserwartung – wenn alle, Patienten und Ärzte - gut zusammenarbeiten. Genau dies haben sich das medicum Hamburg und ich persönlich zum Ziel gesetzt. Mit freundlichen Grüßen - Ihr Dr. Matthias Riedl (ärztlicher Leiter medicum Hamburg)
https://www.medicum-hamburg.de/de/aerzte/dr-med-matthias-riedl/

Weitere Quelle:
https://www.firmenpresse.de/pressinfo1578225/ploetzlich-diabetes-ein-schicksalsschlag-gegen-die-gesundheit.html
Pressetext: © 2017 Sabine Beuke
https://sabinebeuke.de/
Zitat: (firmenpresse) - Ein schrecklicher Tag, so beginnt es im Buch „Plötzlich Diabetes", geschrieben von meiner Freundin Jutta Schütz, die diesen Schicksalsschlag niederschrieb. In dem Selbsthilfebuch "Plötzlich Diabetes" schildert sie auf lockere Art und Weise, in einem Tagebuchstil, über ihre eigene Krankheit mit dem Diabetes Typ 2. Sie beschreibt ihren Weg aus der Stoffwechselkrankheit und rechnet mit falschen Ernährungslehren ab.
Jutta ist in der Fachwelt von einigen Ernährungsmedizinern, unter anderem Dr. Matthias Riedl, bekannt. Zitat von Dr. Riedl: „Ich kann Ihr Buch aus ärztlicher Sicht ebenfalls sehr empfehlen. Es hilft anderen Betroffenen, ihre eigenen Ängste

besser zu überwinden, wenn sie merken, wie andere es gemacht haben. Lesenswert!" Dr. med. Matthias Riedl ist Facharzt für Innere Medizin und arbeitet als Diabetologe (Deutsche Diabetes Gesellschaft, Ärztekammer Hamburg) und Ernährungsmediziner. Außerdem ist er bekannt durch den Sender NDR mit der Sendung „Die Ernährungsdocs", die er seit 2012 mit dem NDR und seinen Kollegen Anne Fleck und Jörn Klasen konzipiert.

Und:

http://www.apotheken-anzeiger.de/zucker-verklebt-adern-diabetes-durchblutungsstoerungen-bis-zum-herzinfarkt_837714/ Pressetext: © 2017 von Sabine Beuke

Rezension von Frau Doris Linden:
Doris Linden, 56 Jahre, verheiratet, 4 Söhne im Alter von 33 bis 40 Jahren, 3 Enkelkinder von 11-13 Jahre, die mir Grund genug geben, für sie gesund zu bleiben.
Ich bin seit ca. 8 Jahren Diabetikerin, Typ II und leide wie viele Diabetiker an Übergewicht, dass vornehmlich dafür eine der Ursachen ist. Zuerst reichten noch Medikamente aber seit ca. 6 Jahren spritze ich ein Basis- und ein Korrektur-Insulin. Aus Erfahrung weiß ich, dass die Krankheit bei nicht gut eingestelltem Blutzucker oft mit Amputationen, Blindheit und Nierenversagen, Zerstörung der Nerven endet, demzufolge auch große Schmerzen, die mit herkömmlichen Medikamenten kaum zu behandeln sind.
Denn ich musste miterleben, wie meine Eltern, die beide an Diabetes erkrankt waren, zu unserem Pflegefall wurden und letztlich auf tragischste Weise an den Folgen dieser Krankheit viel zu früh starben und man sollte meinen, ich sei gewarnt. Doch alle meine bisherigen Versuche blieben erfolglos, bis…. Im Herbst 2008 stiegen meine Blutzuckerwerte wieder einmal bedrohlich an. Mein Langzeitwert lag bei 10,7; der höchste gemessene Tageswert betrug 562. Mein Arzt sprach von einer Insulinresistenz, denn meine tägliche Insulindosis musste ich bis zu 100E erhöhen. Er wies mich daraufhin in die Diabetes-Klinik in Haan/bei Düsseldorf ein. Zu dieser Zeit erwähnte

ich in einem geschäftlichen Telefongespräch mit Herrn Schütz, dass ich wegen eines Krankenhausaufenthaltes eine Weile nicht erreichbar wäre. Er meinte, es sei hoffentlich nichts Schlimmes. Ich erklärte kurz, dass es nichts Tragisches wäre und worum es ging. Das war ein ausschlaggebender Moment. Er riet mir zu dem Buch „Plötzlich Diabetes und wie ich mich davon befreien konnte", dies hätte seine Frau geschrieben, die Dank einer Kostumstellung, von ihrem anfänglichen Diabetes vollkommen befreit war. Das machte mich zwar sehr aufmerksam aber ich wollte mich doch lieber erst mal einer professionellen stationären Behandlung unterziehen, was ich dann auch tat.

Jedoch einige Monate danach, meine Werte stiegen wieder ins „Unendliche", ergab sich erneut ein Gespräch mit Herrn Schütz. Er bestellte mir Grüße von seiner Frau, ich dürfe sie auch gerne einmal anrufen. Für diese Unterhaltung bedanke ich mich hier noch einmal herzlich bei Jutta Schütz, denn dadurch wurde ich in meinem Vorhaben bestärkt. Anfang Oktober 2009 begann ich dann, mit liebevoller Unterstützung meines Mannes, meine Kost umzustellen. Zuerst aß ich kein Brot mehr und keine Beilagen, entfernte alles mehl- und stärkehaltiges aus meinem Speiseplan. Zum Frühstück Ei oder Gurke mit selbst gemachtem Kräuterquark, den ich über alles liebe und auch mal „einfach so" löffle. Mittags viel Gemüse mit Fleisch, abends zum Knabbern Gemüse. Zwischendurch auch mal Joghurt und Obst. Ich habe mir ein kleines Büchlein für ein Tagesprotokoll angelegt, zur Übersicht und Gedankenstütze und natürlich auch als Erfolgsbilanz.

Mein Blutzuckerspiegel hatte zu diesem Zeitpunkt einen Durchschnittswert von 262, mein Gewicht betrug 106,7 kg, meine Insulin EH: Basal: 36 Einheiten (EH) abends und Korrektur-Insulin 18 EH/BE (Broteinheit) (wenn man bedenkt, dass 1 Brötchen schon 2 BE enthält). Am 6. Oktober war mein erster Tag und der Nüchtern-BZ lag bei 260. Der Anfang war gemacht.

Am 17. Oktober zeigte meine Waage 101,5 kg an, mein Nüchtern-BZ 113, mein Tages-BZ lag mittlerweile konstant im Bereich 100-120, mein Korrektur-Insulin bei 11EH/BE.

In der **2. Woche schon** notierte ich:
kein Sodbrennen, keine Blähungen, weniger schwitzen, nachts besser schlafen, nicht mehr diese schreckliche Müdigkeit am Tage ich konnte es kaum glauben, diese schnelle und stark erkennbare, positive Veränderung, die auch meinen Mann verwunderte. Ich fühlte mich leicht, wohl und fit, konnte mich auch merklich besser konzentrieren. Das allein war schon ein großer Erfolg. Mittlerweile hatte ich meine eigene Kostzusammenstellung gefunden, sich vorzüglich für Leute eignet, die am Schreibtisch arbeiten. Für mich persönlich habe ich ein neues Getränk entdeckt, dass man als Diabetiker trinken darf: Zero Getränke, wie Cola Zero Sprite Zero, sie sind ohne Kohlenhydrate und ohne Kalorien, allerdings mit Koffein. Mir bekommt es. Allerdings muss ich sagen, ich bin auch schon einige wenige Male „vom Weg abgewichen". Dabei musste ich feststellen, dass Brot mir nicht gut bekommt. Zwar hatte ich vor der Kostumstellung die gleichen Beschwerden auch aber ich wäre niemals auf die Idee gekommen, dass Brot die Ursache dafür sein könnte. Nun kann ich wieder Zwiebeln, Knoblauch, Kohl essen. Es belastet nicht mehr.
Am 19. November hatte ich ein Gewicht von 97,8, mein BZ-Spiegel lag inzwischen bei 80 bis 105, mein Korrektur- Insulin bei 11EH/BE, Basal-Insulin bei 27 EH/BE und am 21. November komme ich schon mit 2 x 15 EH Korrektur-Insulin pro Tag aus.
Um Weihnachten hat sich leider alles wieder etwas erhöht, was sich dann aber Anfang des Jahres, allerdings nur sehr langsam, wieder senkte. Den ersten Schritt habe ich auf jeden Fall erreicht, dass ich mit einem gut eingestellten Blutzucker nicht mehr dieser tückischen Gefahr ausgesetzt bin, wie meine Eltern langsam dahinzusiechen. Den zweiten Schritt werde ich auch erreichen, indem ich in absehbarer Zeit mit Low Carb ganz von dieser Geißel Diabetes befreit bin. Zum Schluss möchte ich Frau Jutta Schütz für ihr Engagement und Ihren Kampfgeist danken, ohne den ich niemals diesen gesundheitlichen Erfolg gehabt hätte.

Als mögliche Auslöser der Reizdarm-Beschwerden gelten sogenannte FODMAPs, niedermolekulare Zucker, die im Korn gespeichert werden. Im Körper können sie Blähungen und Bauchschmerzen verursachen. Es gibt viele verschiedene Verdauungsprobleme, wie etwa Sodbrennen, Völlegefühl, Bauchkrämpfe, Blähungen bis hin zu täglichen Durchfällen. Die meisten basieren auf einer falschen Ernährungsweise, die auf kohlenhydratreiche Kost (viel Brot/Kuchen) zurückzuführen ist.

Um den Darm positiv bei seiner Verdauungsleistung zu unterstützen, kommt es auf die richtige Wahl der Ernährung an.

Das neue Buch " LOW CARB für Berufstätige mit empfindlichem Darm" beinhaltet schnelle, einfache und alltagstaugliche Rezepte, damit die Ernährungsumstellung auf Low Carb auch im Büroalltag locker funktioniert.

Buchdaten:
LOW CARB für Berufstätige mit empfindlichem Darm
Alle Rezepte sind mit Kohlenhydratangaben in Gramm ausgewiesen!
Autoren: Jutta Schütz, Sabine Beuke - Verlag: Books on Demand
ISBN-10: 3746097517 und ISBN-13: 978-3746097510 - Kindle Edition: EUR
Sabine Beuke - https://sabinebeuke.de/
Jutta Schütz - https://www.jutta-schuetz-autorin.de/

Mit den Low Carb Büchern von den Autorinnen "Sabine Beuke und Jutta Schütz" werden Sie schnell diese Ernährungsform beherrschen und alles Wissenswerte zu dieser Diät verstehen.

Die Autorinnen "Beuke und Schütz" vermitteln Motivation pur und räumen mit alten Vorurteilen auf. Anhand von vielen wissenschaftlichen Berichten von Ernährungsforschern nehmen sie die Angst vor einer kohlenhydratarmen Ernährung. Wer ihre Bücher kennt, stellt schnell fest, dass es auch viele Rezepte gibt, und dass sich die Ernährung abwechslungsreich gestalten lässt. Wichtige Informationen, die man über die Ernährung und Verdauung sonst nirgends lernt – in ihren Büchern kommen sie äußerst anschaulich und gut verdaulich auf den Tisch.

Ihre Bücher haben sich einen festen Platz in den Bestsellerlisten und in der Presse erobert und sind auch als E-Books überall im Handel erhältlich.

LOW CARB Buchtipps

Sie suchen nach Abwechslung für Ihre Low Carb Ernährung?

Die Low Carb Ratgeber enthalten umfangreiche Rezepte, ganz gleich ob Sie abnehmen wollen, gesünder essen möchten, Rezepte für die Familie, für unterwegs, oder für Festlichkeiten suchen – es gibt für jede Situationen die passenden Rezepte. Sie lernen auch die Grundlagen von Low Carb kennen und wissen so immer ganz genau, was Sie essen dürfen.

Infos: www.jutta-schuetz-autorin.de/

Mit der richtigen Ernährung können Sie massive Verdauungsprobleme bekämpfen.

Das Essen ist eine Lebensaufgabe

Die Wechselwirkung von Ernährung und Gesundheit ist evident und das Essen ist eine Lebensaufgabe. Eine richtige und gesunde sowie ausgewogene Ernährung ist ohne Zweifel eine der größten gesundheitspolitischen Herausforderungen der nächsten Jahrzehnte. Wir müssen essen, aber dies stellt uns mehrmals täglich vor neue Aufgaben - eine Betrachtung darüber, was uns den Bauch füllt, aber auch auf den Magen schlagen kann.

In dem schlichten Tätigkeitswort „Ernährung" gibt es Welten, Planeten und Galaxien zu entdecken und sie müssen dauernd neu erforscht werden. Oft entwickelt sich die Ernährung zu einem großen Stressfaktor.

Viel zu spät spüren wir, dass wir uns lange Zeit falsch ernährt haben und plötzlich ist es neu, dass die richtige Ernährung die falsche Ernährung ist.

Essen ist Leben – und wir Menschen können nur überleben, wenn wir essen und trinken.

Essen und Trinken sind mehr als nur Grundbedürfnisse des Menschen.

Essen gehört zu unserer Kultur und zu unserem geselligen Leben.

Für manche ist Essen sogar eine Weltanschauung. Essen macht uns zufrieden, gibt uns Kraft und trägt zu unserem Wohlbefinden bei.